Der Skorpion

*Der Skorpion ist eine
starke Persönlichkeit,
die nicht mag, wenn man
ihr widerspricht.*

Der Skorpion

24. OKTOBER BIS 22. NOVEMBER

EINE ANLEITUNG ZU GESUNDHEIT, WOHLSTAND UND ERFOLG

FACKELTRÄGER VERLAG

Inhalt

Über dieses Buch 5

Es steht in den Sternen 6

Die Skorpion-Persönlichkeit 10

Der Skorpion und seine Gesundheit 14

Der Skorpion und die Mode 18

Der Skorpion und das liebe Geld 20

Der Skorpion bei der Arbeit 24

Der Skorpion beim Spiel 28

Der Skorpion und die Liebe 32

Der Skorpion, seine Familie und seine Freunde 34

Beim Skorpion zu Hause 36

Ihr Skorpion-Kind 38

Tiefer in die Materie eindringen 40

Impressum 45

Über dieses Buch

Wenn Sie Ihr Sternzeichen kennen, Ihr Horoskop in der Zeitung lesen und sich manchmal fragen, was an der Astrologie wirklich dran ist, bietet Ihnen die Reihe *Das kleine Astro-Buch* eine leicht verständliche und moderne Einführung. Wurden Sie zwischen dem 24. Oktober und dem 22. November geboren, ist dies der richtige Band für Sie.

Entdecken Sie, wie Ihr Sternzeichen jeden Aspekt Ihres Lebens beeinflußt, von der Wahl Ihrer Kleider bis zu der Person, in die Sie sich verlieben; wie Sie mit Ihrer Familie umgehen, was Ihr Traumjob sein könnte. Entdecken Sie die Macht Ihres Herrscherplaneten, das Wesen Ihres astrologischen Gegenstücks und warum die Venus in Ihrem Geburtshoroskop eine so große Rolle spielt.

Das Symbol für dieses Sternbild ist der dominante Skorpion.

Das kleine Astro-Buch gibt es für alle zwölf Sternzeichen; so können Sie auch leicht verstehen, wie die Sterne Ihre Freunde und Familie beeinflussen.

Es steht in den Sternen

Die Astrologie, wie wir sie heute im Westen kennen, wurde vor mehr als 4000 Jahren von den alten Babyloniern und Chaldäern dort entwickelt, wo heute der Irak liegt. Damals bestand kein Unterschied zwischen der Sternkunde und der Sterndeutung. Die alten Sterngucker beobachteten, daß sich nachts Mond und Sterne alle auf derselben breiten Bahn am Himmel zu bewegen schienen, während am Tag die Sonne entlang der Mitte dieser Bahn reiste und um die Erde zu kreisen schien.

Babylonische Astrologen beobachteten als erste die Bewegung von Sonne, Mond und Sternen.

Erst die 1543 veröffentlichte Entdeckung des polnischen Astronomen Kopernikus (1473–1543), daß die Sonne und nicht die Erde im Zentrum unseres Universums steht, bot die richtige Erklärung: Die

Um die Lage der Sterne zu bestimmen, wurde ein Astrolabium benutzt.

Erde und die anderen Planeten umkreisen die Sonne auf etwa gleicher Höhe und scheinen deshalb immer auf derselben Bandbreite am Himmel entlang zu wandern.

Die Sternbilder (Sterngruppen, die von der Erde aus gesehen ein Muster zu ergeben scheinen), die den Hintergrund zu dieser Bewegung bilden, wurden zunächst als Bezugsrahmen benutzt, um die Stellung einzelner Planeten zu bestimmen. Mit der Zeit fielen zwölf solcher Sternbilder auf und begannen, eine eigene Persönlichkeit sowie eigene Mythen und Eigenschaften zu entwickeln. Man gab ihnen auch Namen,

Die zwölf Sternbilder liegen wie ein endloses Band um die Erde.

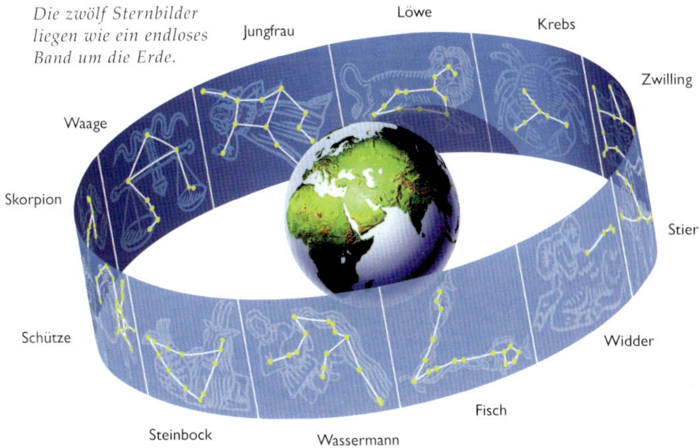

Der Skorpion wird vom Element Wasser beeinflußt.

meistens die von Tieren. Deshalb wird dieses Band am Himmel Tierkreis oder auch Zodiak genannt, nach dem griechischen Wort für Tier.

Es gibt zwölf Tierkreiszeichen. Die Sonne braucht etwa ein Jahr, um sie alle zu durchlaufen und verbringt etwa einen Monat in jedem Zeichen. Der Skorpion ist das achte dieser Zeichen.

Der geheimnisvolle Pluto ist der Herrscherplanet des Skorpions.

Jedes Sternzeichen weist noch weitere besondere Aspekte auf und verfügt jeweils über eine Eigenschaft, ein Element und ein Geschlecht. Die drei möglichen Eigenschaften lauten kardinal (unternehmungslustig, initiativ), fix (zäh, konstant) und flexibel (anpassungsfähig, veränderlich), die vier Elemente sind

Pluto und Skorpion

Der Skorpion wird vom Planeten Pluto regiert, dem neunten und kleinsten Planeten des Sonnensystems, der erst 1930 entdeckt wurde. Er braucht beinahe 248 Jahre, um die Sonne zu umkreisen, und verbringt 13 bis 32 Jahre in einem Zeichen.

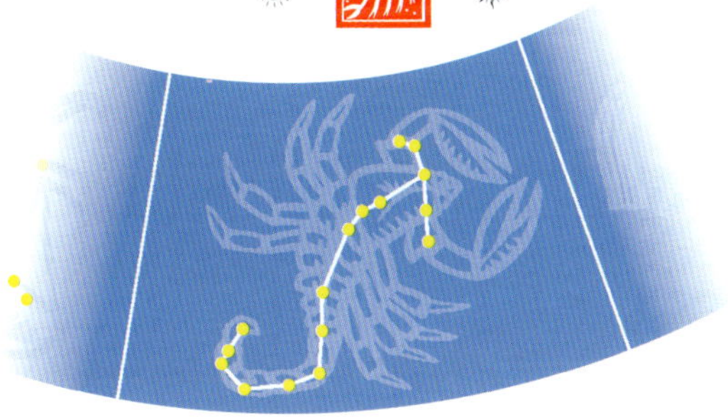

Feuer, Erde, Wasser und Luft, die zwei Geschlechter männlich und weiblich, wobei man sich letztere wie die fernöstlichen Begriffe Yin und Yang und nicht als biologische Definition vorstellen muß. Die astrologischen Eigenschaften bilden ein mathematisches Muster rund um den Tierkreis. Kein Zeichen weist genau dieselbe Zusammensetzung von Eigenschaft, Element und Geschlecht auf wie ein anderes. Der Skorpion ist ein weibliches, fixes Wasserzeichen.

Der Skorpion-Mythos

Das Sternbild Skorpion wird durch das gleichnamige Insekt repräsentiert, doch ein überzeugenderes mythisches Tier für dieses Sternzeichen wäre die Lernaische Hydra, eine unsterbliche und tödliche Wasserschlange mit acht oder neun Köpfen. Sie sollte Herakles als zweite seiner zwölf Aufgaben töten, doch jedesmal, wenn er ihr einen Kopf abschlug, wuchs ein neuer nach. Dieser Mythos deutet darauf hin, daß der Skorpion seine negativen Gefühle nicht vervielfachen lassen darf.

Jedes Zeichen wird auch von einem Himmelskörper regiert. Der Skorpion steht unter der Herrschaft von Pluto.

Die Skorpion-Persönlichkeit

Der Skorpion ist kein herzerwärmendes Knuddeltierchen. Es kann sein, daß es auch unter den astrologischen Skorpionen einige „stachelige“ oder ungemütliche Exemplare gibt. Die meisten Skorpione würden als Tiersymbol den Adler vorziehen, der es früher auch war. Am König der Lüfte schätzt der Skorpion den scharfen Blick, den starken, beherrschenden Krallengriff und die Macht der großen Schwingen. Nur wenige Leute würden sich mit einem von beiden anlegen, was dem Skorpion nur recht ist. Skorpione motivieren sich selbst, sind tapfer, konzentriert und unermüdlich. Es ist beinahe unmöglich, einen Skorpion von seinem Ziel abzubringen. Die Kontrolle aller Aspekte des Lebens ist von grundsätzlicher Bedeutung für die Skorpion-Seele.

Der mutige Skorpion weiß, was er will, und ist fest entschlossen, es sich zu verschaffen.

Sie halten Ihre Geheimnisse vor fremden Augen verborgen.

Skorpione gelten als unwiderstehlich, dennoch sind sie anfällig für Eifersucht und Mißtrauen.

Skorpione gelten als die Sexgötter und -göttinnen unter den Sternzeichen. Das ist es jedenfalls, was jeder über sie zu wissen meint. Zwar stimmt es, daß Sie keine Mühe haben, einen Partner zu finden, doch gründet Ihr verführerischer Ruf vor allem auf Ihrem furchtlosen Blick und Ihrer selbstgenügsamen Souveränität. Macht ist immer sexy und jemand am Steuer seines eigenen Lebens beinahe unwiderstehlich. Als Skorpion haben Sie eine ausgewählte Gruppe guter Freunde und noch viel mehr Bewunderer, die es gerne wären. Ihr Bedürfnis, die Fäden in der Hand zu behalten und Ihre unheimliche Fähigkeit, fremde Geheimnisse zu erraten, kann Sternzeichen mit einem weniger ausgeprägten Willen ganz schön ins Schwitzen bringen.

Schlüssel-Eigenschaften

- **anziehend**
- **diszipliniert**
- **zielsicher**
- **energisch**
- **stark**
- **intensiv**
- **grüblerisch**
- **kontrollierend**
- **mißtrauisch**
- **verschwiegen**

Sie sind mutig und gehen voll in Ihrem Lieblingssport auf.

Das astrologische Gegenstück des Skorpions ist der Stier, der ihm auf dem Tierkreis genau gegenüberliegt. Zwischen diesen beiden Zeichen besteht eine starke Affinität, denn sie teilen dieselbe astrologische Eigenschaft und dasselbe Geschlecht – in diesem Fall weiblich und fix –, doch entsprechen ihnen unterschiedliche Elemente. Der Skorpion ist ein Wasserzeichen, der Stier gehört zu den Erdzeichen. Beide möchten die Kontrolle behalten, doch drücken sie es unterschiedlich aus. Der Skorpion strebt die Macht über seine eigenen Gefühle und über andere Leute an, während der pragmatische Stier sich bemüht, seinen Willen in der physischen und materiellen Welt durchzusetzen.

Der praktische und sture Stier bildet das astrologische Gegenstück zum Skorpion.

Sie haben die Disziplin, die man für große Projekte braucht.

Der Skorpion und seine Gesundheit

Skorpione sind selten krank. Einmal sind sie von Natur aus robust, doch es ist oft auch ein Willensakt ihrerseits, der Eindruck, daß kein Virus und keine Bakterie es wagen würde, in das skorpionische Territorium einzudringen. Dennoch sollten Sie als Skorpion alles tun, um regelmäßige Erholungsphasen in Ihr intensives, arbeitsames Leben einzubauen.

Wenn ein Skorpion meint, auf sein Gewicht achten zu müssen, tut er es. Es fällt ihm nicht schwer, sich an die Diät zu halten, die er sich selbst auferlegt, doch feiert er auch

Edelsteine, die zum Skorpion passen

Von Kristallen und Edelsteinen sagt man, daß ihre Schwingungen heilen können. Jedes Sternzeichen und jeder Herrscherplanet haben ihre eigene Energie. Hier sind Ihre Edelsteine:

Opal: erhält die Sehkraft

Tektit: hilft „geheimnisvolle" Leiden überwinden

Essen Sie öfters Lauch für gesundes Blut.

seine Exzesse, wenn ihm der Sinn danach steht. Tief in einem geheimen Winkel Ihrer Seele sitzt ein Kuchen-Junkie, die Gourmet-Geißel Ihres astrologischen Gegenstücks, des Stiers. Wichtig ist, daß Sie als Skorpion dafür sorgen, daß Ihr Kreislauf stabil ist und frei fließt. Stagnation und Trägheit können Ihre Energie blockieren. Zwiebeln, Lauch, Knoblauch und mageres Rindfleisch eignen sich gut zur Reinigung und Stärkung Ihres Blutes. Das gilt auch für Rotwein, den viele Skorpione sehr schätzen.

Die meisten Skorpione sind gern aktiv und treiben einen Sport. Was sie daran wirklich mögen, ist die Planung, eine gerissene Taktik und der Sieg.

Sie genießen es, Neuland zu betreten und suchen nach Sportarten mit dem nötigen Kick: Snowboarding, Ski-

Beim Kampfsport geht es um Macht und Geschick – ideal für den Skorpion.

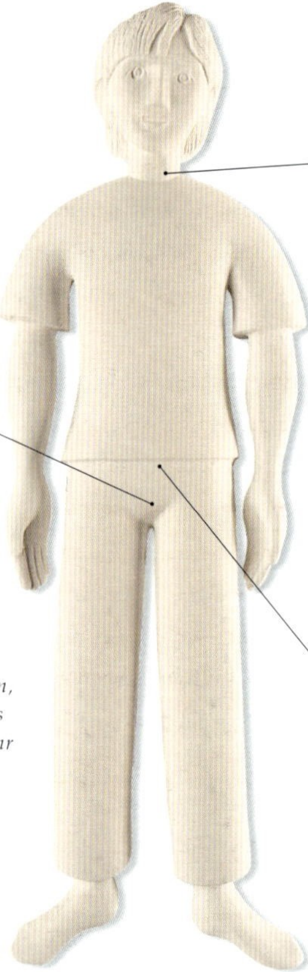

DER SKORPION HERRSCHT ÜBER DIE GESCHLECHTS-ORGANE

Es kann sein, daß Sie dort anfällig sind.

DER STIER HERRSCHT ÜBER HALS UND NACKEN

Versuchen Sie, Ihren Nacken beim Sport zu entlasten.

PLUTO HERRSCHT ÜBER DIE FORTPFLANZUNG

Lassen Sie sich von kleineren Problemen nicht erschrecken.

Ihr Geburtszeichen, Ihr astrologisches Gegenstück und Ihr Herrscherplanet beeinflussen Ihre Gesundheit.

fahren, Rallyes. Der ideale Ausgleichssport für den Skorpion ist der fernöstliche Kampfsport in all seinen Varianten. Dabei geht es mehr um Kontrolle und Macht, Geschick und Psychologie als um brutale Kraft.

Die heilenden Eigenschaften der Aloe vera helfen dem Skorpion.

Jedem Sternzeichen wird ein bestimmter Körperteil zugeordnet, wie auch jeder Planet seinen besonderen Einfluß hat. Ihr astrologisches Gegenstück spielt ebenfalls eine große Rolle, wenn es um Ihre Gesundheit geht. Das bedeutet, daß bei Ihnen vielleicht die Körperteile empfindlich sind, die vom Skorpion, von Pluto oder vom Stier regiert werden. Schützen Sie sich so gut wie möglich und seien Sie sich bewußt, daß jede Art von Druck in Ihrem Leben sich in diesen Bereichen niederschlagen kann. Der Skorpion herrscht über Geschlechtsorgane und Becken, der Stier regiert Hals und Nacken. Deshalb sollten Sie auf kleine Probleme mit Ihren Geschlechtsorganen oder mit Ihrem Nacken und auf Halsschmerzen achten.

Der Skorpion liebt ein gutes Glas Wein und ist ein Kenner.

Der Skorpion und die Mode

Schlüsselbegriff für den modischen Geschmack des Skorpions ist „cool“ sein. Gleich wieviel Geld sie zur Verfügung haben, es gelingt Skorpionen mühelos, sich nach der neuesten Mode zu kleiden. Beide Geschlechter erfassen die Psychologie der Mode der Mächtigen instinktiv. Sie fühlen sich auch in schicker Freizeitkleidung wohl, obwohl sie manchmal sklavisch an gewissen Design-Marken hängen. Wie in allen anderen Lebensbereichen genießt der Skorpion-Mann auch hier das Extreme und tritt wie ein Edelgangster auf, entweder in einem maßgeschneiderten Mohairanzug und Seidenhemd oder von Kopf bis Fuß in schwarzem Leder.

ACCESSOIRES

- **„praktische“ Handtasche oder Aktenkoffer**
- **Ledergürtel**
- **Lederstiefel**
- **schwarze Sonnenbrille**

Der Ledergürtel ist eines der Lieblings-accessoires des Skorpions.

Das modische Zubehör ist meistens im gleichen Stil gehalten wie die Kleider. Skorpione mögen Leder, wobei Taschen am liebsten viele Fächer und Klappen haben und vage an das Militär erinnern. Sonnenbrillen sind ein weiteres Lieblingsaccessoire, allerdings mehr, um ihre geheimnisvolle Ausstrahlung zu betonen und ihren durchdringenden Blick vor der Welt zu verstecken, als ihre Augen zu schützen. Skorpione beiden Geschlechts kennen die verführerische Macht eines teuren Parfüms.

Schwarz und rot sind die Lieblingsfarben des Skorpions

Die Farben des Skorpions sind kompromißloses Schwarz und kräftiges Rot. Grün und Blau, die harmonischen Farben des Stiers, Ihres astrologischen Gegenstücks, dürften Sie ebenfalls anziehen. Wahrscheinlich verwenden Sie sie sparsam, um das vorherrschende Schwarz Ihrer Kleider aufzuhellen.

Der Skorpion zeigt sich am liebsten cool.

Der Skorpion und das liebe Geld

Die meisten Skorpione können gut mit Geld umgehen, haben davor weder Angst noch zu großen Respekt und finden es leicht, es für sie arbeiten zu lassen. Im anderen Extrem ist ein Skorpion sehr wohl fähig, irdischen Gütern den Rücken zu kehren und in totaler Armut oder asketischer Entsagung zu leben. Wie auch immer, Sie verlieren nie die Kontrolle, denn Sie wissen, daß spiritueller Reichtum nichts mit einem dicken Bankkonto zu tun hat.

Da viele Skorpione das Wesen des Geldmarkts verstehen und eine Jahresbilanz auf einen Blick erfassen können, leiten sie gerne ihr eigenes Geschäft, kaufen Immobilien oder spekulieren an der Börse. Die Unternehmen, die sie unterstützen, erweisen sich oft als äußerst erfolgreich.

Männlichen Skorpionen stehen massive Silberringe.

Auch wenn Sie nicht beruflich mit Geld umgehen, haben die meisten von Ihnen immer etwas Cash bei der Hand, das Sie investieren können. Es dürfte Ihnen Spaß machen (und Profit bringen), wenn Sie es auf Gebieten anlegen, die Ihrem Zeichen entsprechen: Kohlebergwerke, Hoch- und Tiefbau, der

Granat

Die Farben Ihrer Edelsteine sind ebenso warm und voller Tiefe wie Sie.

Topas

Weinhandel, die wissenschaftliche Forschung oder der Devisenhandel bieten Ihnen gute Chancen.

Ihre Liebe zum Geld gilt der Macht, die es bringt. Die meisten Skorpione wissen, daß es die Leute blendet und leichter kontrollierbar macht. Sie schmeißen selten mit Geld durch die Gegend, lieben es aber, sich mit modischen und eleganten Dingen zu umgeben.

Das Metall des Skorpions

Es gibt zwei Skorpion-Metalle: Eisen dank Mars und Stahl dank Pluto. Der vielseitige Stahl findet sich häufig in Form von blitzendem Chromstahl in der Wohnung des Skorpions.

Der Skorpion hat eine Vorliebe für dramatischen Schmuck.

Wegen Ihrer Freude an guten Weinen ist der Weinbau ein attraktives Investitionsgebiet.

Hätten Sie als Skorpion kistenweise Schätze vergraben (was bei Skorpionen manchmal vorkommt), würden Sie sich ein leuchtendes, ultraschnelles Motorrad kaufen – oder die neueste Kamera mit allem Zubehör samt eigener Dunkelkammer.

Wenige Skorpione können einem schönen Auto widerstehen, wobei Metallgrau, Schwarz oder Chrom beliebte Farben sind.

Natürlich heißt Reichtum nicht einfach nur Bargeld. In der astrologischen Überlieferung entsprechen jedem

Die Geschwindigkeit und Kraft des Motorrads übt auf den Skorpion eine starke Anziehungskraft aus.

Sternzeichen bestimmte Edelsteine und Metalle. Zum Skorpion gehören Steine wie der rote Granat, jede Art Topas und Malachit.

Als Skorpion tragen Sie zwar auffälligen Schmuck, aber er ist nicht protzig. In Ihrem Schmuckkästchen befinden sich dramatische und ungewöhnliche moderne Stücke aus Chrom und Glas sowie Halsketten, Broschen oder Armbänder aus rostfreiem Stahl. Der Skorpion-Mann hat nicht das Gefühl, sich durch das Tragen von Schmuck zu kompromittieren, und mag Ohrringe oder Halsketten, vor allem aus Silber. Beide Geschlechter bevorzugen effiziente, militärisch ausssehende Uhren.

Eine teure Kameraausrüstung ist für viele Skorpione ein Muß.

Der Jupiter-Zyklus

Alle zwölf Jahre kehrt Jupiter an genau den Ort am Himmel zurück, wo er stand, als Sie geboren wurden. Jupiter ist der Planet der Expansion, der Freude und des Glücks. Sein Einfluß verheißt gutes Gelingen.

Der Skorpion bei der Arbeit

Die meisten Skorpione wollen Karriere machen und sind bereit, so lange hart zu arbeiten, wie es braucht, um auf ihrem Gebiet Erfolg zu haben. Zäh, motiviert voller Engagement, sind sie auf dem Arbeitsmarkt gern gesehen. Sie löchern ihre Kollegen mit Fragen und nutzen diese Informationen zum eigenen Vorteil. Als Skorpion müssen Sie sich gefühlsmäßig mit Ihrem Job identifizieren und an Ihre Arbeit glauben können. Sie arbeiten nicht nur um des Geldes willen und sollten monotone Arbeiten vermeiden, die Sie frustrieren und langweilen. Am besten gedeihen Sie in Berufen, die das meiste aus Ihrem analytischen Verstand, Ihrer unermüdlichen geistigen Energie und Ihrer eisernen Beharrlichkeit machen.

Der zähe und schnelle Skorpion entscheidet sich häufig für einen militärischen Beruf.

Leonardo di Caprio ist ein Skorpion.

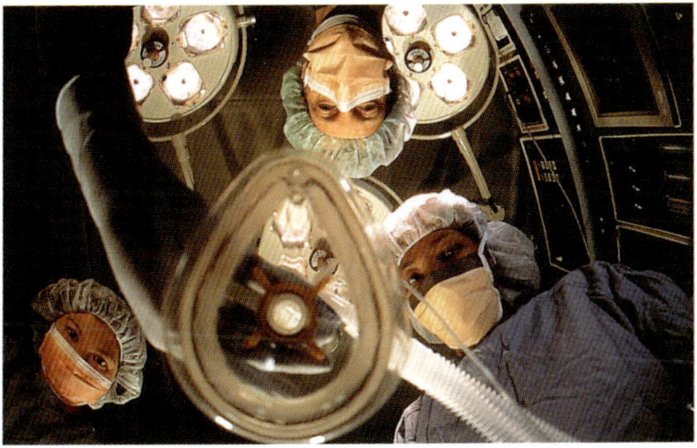

Man braucht viele Skorpion-Eigenschaften, um ein Chirurgenteam zu leiten.

Passende Karrieremöglichkeiten finden sich als Jurist/in, Detektiv/in, an der Börse, im Weinhandel, im Investitionssektor, als Versicherungsagent/in, Ingenieur/in, im Minenbau, als Klempner/in, Psychiater/in, Chirurg/in, als Designer/in oder Rockstar.

Was Sie auch tun, Sie möchten die Führung in einem Team übernehmen, das ebenso hart arbeitet wie Sie und Ihren Erfolgstrieb respektiert. Sie verstehen sich gut mit Steinbock und Krebs, doch die beiden anderen Kardinalzeichen Waage und Widder passen nicht so gut zu Ihnen: Der

Eine Karriere bei der Fahndung paßt gut zum Skorpion.

Waage gefällt es nicht, wenn man ihre elegante Person so direkt beansprucht, und dem Widder ist die Konkurrenz zu groß. Das Fixzeichen Stier ist ein guter Arbeitskollege. Ein weiterer Skorpion wäre vielleicht genauso verschwiegen und machiavellistisch wie Sie, doch könnten Sie beide Ihre Energien damit verschwenden, gegeneinander anzukämpfen.

Ihr Arbeitsstil paßt zu den meisten Unternehmen, angefangen bei großen internationalen Konzernen bis hin zu

DER SATURN-ZYKLUS

Saturn kehrt alle 29,5 Jahre an seine Ausgangsposition in Ihrem Geburtshoroskop zurück. Er steht für Einschränkungen oder für eine Festigung. Hier müssen Sie Ihren Träumen adieu sagen und sich der Wirklichkeit anpassen. In dieser Zeit lernen Sie, Ihre Grenzen zu akzeptieren, und schmieden positive Pläne für die Zukunft.

kleinen Geschäften und Einzelfirmen. Der Skorpion blendet sich ein, analysiert die Situation, formt eine Strategie und stellt sich auf das Ziel ein. Er hat gern jederzeit die Kontrolle über den gesamten Arbeitsablauf, macht oft Überstunden und erwartet von allen anderen dasselbe. Sie müssen sich allerdings bewußt sein, daß Ihr unermüdliches Streben nach dem ersten Platz von weniger zielgerichteten Sternzeichen manchmal als Schinderei ausgelegt wird.

Der ideale Arbeitsplatz

Als Skorpion fühlen Sie sich von der Macht angezogen, doch halten Sie lieber hinter dem Thron die Fäden in der Hand, als die Paradefigur zu sein, die auf ihm sitzt. Der oder die schattenhafte Mr. oder Ms. Big hinter einem großen, Profit scheffelnden Konglomerat wäre der ideale Job des Skorpions.

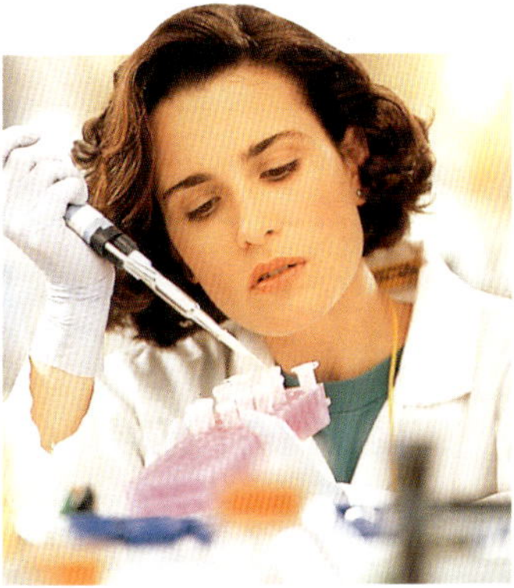

In der wissenschaftlichen Forschung kommen die analytischen Fähigkeiten des Skorpions zum Tragen.

Der Skorpion beim Spiel

Der Skorpion bringt die Aufmerksamkeit und Intensität, die er bei der Arbeit an den Tag legt, auch dem bißchen Freizeit entgegen, das er sich gönnt. Alles, was mit Lernen und Bewußtseinserweiterung zu tun hat, ist ein beliebter Zeitvertreib: Lesen und Rätsel (Wortspiele, Kreuzworträtsel). Als Skorpion graben Sie wahrscheinlich auch gern Geheimnisse aus oder suchen in der Vergangenheit nach Schlüsseln, um die Familienschränke zu öffnen und die darin versteckten Skelette zu befreien. Wenige Skorpione können einem

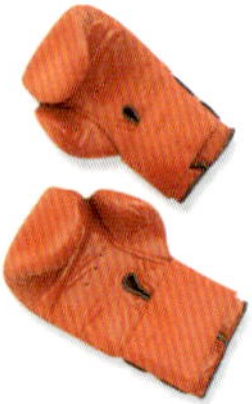

Boxen und andere Kontaktsportarten sind beim Skorpion besonders beliebt.

Beim Surfen kann der Skorpion seine Liebe zu Wasser und Bewegung verbinden.

Geheimnis widerstehen und grübeln darüber nach, bis sie die Lösung gefunden haben. Sie sorgen aber dafür, daß Sie Ihre eigenen Geheimnisse unter Verschluß halten.

Hobbys

* Lesen
* Weinproben
* Auto-Rallyes
* Fotografie
* Intelligenzspiele

Viel Bewegung ist für den Skorpion lebenswichtig, weil er es sich nicht leisten kann, seinen Verstand oder seinen Körper einrosten zu lassen. Sportarten mit massivem Körperkontakt wie Ringen, Rugby und Boxen haben es den einen angetan, der Wassersport den anderen. Da die meisten Skorpione gern die Herrschaft über eine mächtige Maschinerie ausüben, könnte ihnen der Cross-Country-Sport gefallen. Fechten – alles, was mit Stahl, Angriff, Kontrolle und Stil zu tun hat – zieht athletische Skorpione an. Es fällt Ihnen nicht leicht Urlaub zu machen, denn Sie können sich nur schlecht entspannen – vor lauter Angst, die Kontrolle zu ver-

Fechten ist beim Skorpion beliebt, weil es Anmut und Können voraussetzt.

Gleich, welche Sportart sie wählen: Skorpione wollen gewinnen.

lieren. Es kommt nicht oft vor, daß Sie faul am Strand in der Sonne liegen, obwohl viele Skorpione sich gern in der Nähe von Gewässern aufhalten.

Im großen und ganzen ziehen Sie es vor, nach einem geheimen Plätzchen fern allen Trubels zu suchen, ein unbekanntes Fischerdorf, eine versteckte Höhle, ein tiefer Bergsee oder ein Strand, den man nur bei Ebbe erreichen kann. Eine Tour durch ein Weinanbaugebiet wäre auch eine Möglichkeit. Die meisten Skorpione bringen wahrscheinlich Fotos mit nach Hause. Sie tragen gern kleine,

Wenn Sie Musik lieben, spüren Sie den Einfluß des Stiers.

diskrete Kameras mit sich herum und fangen heimlich die Atmosphäre des Ortes ein. Viele von Ihnen kommen auf diese Weise zu ausgezeichneten Ergebnissen und könnten aus der Fotografie ohne weitereres Ihren Beruf machen.

Ihr astrologisches Gegenüber kann die Art, wie Sie Ihre Freizeit verbringen, auch beeinflussen. Der Stier fördert künstlerische Interessen, die Ihre intellektuellen Spiele und körperliche Aktivität ausgleichen: Musik, die Sie entweder selbst spielen oder hören, wäre ein Hobby für Sie.

Die Grosse Leidenschaft

Der Skorpion gilt als das leidenschaftlichste und obsessivste Sternzeichen des Tierkreises. Er ist in der Lage, jedes Hobby zum Rang einer großen Leidenschaft zu erheben. Was immer es ist, er möchte den Kampf gewinnen – sei es eine sexuelle Eroberung oder die Überwindung der eigenen inneren Dämonen.

Skorpione wollen immer der oder die Beste zu sein.

Der Skorpion und die Liebe

Die Stellung der Venus in Ihrem Geburtshoroskop hat einen großen Einfluß auf Ihr Liebesleben. Spricht dieses Porträt des verliebten Skorpions Sie nicht an, kann es daran liegen, daß Venus, der Planet der Liebe, sich in einem weniger wäßrigen Zeichen aufhielt, als Sie geboren wurden. Um herauszufinden, wo die Venus sich zur Zeit Ihrer Geburt befand und was für Ihr Horoskop bedeutet, wenden Sie sich am besten an einen Astrologen.

Vom Skorpion heißt es, er sei von allen Sternzeichen das sexuell attraktivste. Tatsächlich wäre das ein trauriger Skorpion, dem es schwerfiele, einen Partner anzuziehen. Faszinierend, launisch und voller Geheimnisse, bewegt er sich mit einem Hauch von Glamour und einer magnetischen Ausstrahlung, die andere Stern-

Der Skorpion konzentriert sich intensiv auf den geliebten Menschen.

Sie zeigen Ihre Liebe gern mit einem Strauß roter Blumen.

zeichen beinahe unwiderstehlich finden – auch und gerade, wenn er sich gar keine Mühe gibt.

Ein Skorpion, der sich auf den Gegenstand seiner Liebe konzentriert, kann nicht verlieren. Manche Skorpione mißbrauchen ihre Macht und können manipulativ, extrem eifersüchtig und ziemlich grausam sein.

Wenn Skorpione sich verlieben, handelt es sich um keine vorübergehende Leidenschaft. Sie fürchten sich nicht vor den Verpflichtungen einer Ehe, doch müssen sie von den sexuellen Aspekten dieser Verbindung begeistert sein. Privat sind Sie sehr leidenschaftlich, doch in der Öffentlichkeit ziehen Sie es vor, Ihre Gefühle zu verstecken. Sie sind treu und anhänglich und erwarten das gleiche auch von Ihrem Partner. Oberflächlicheren Partnern sind das Besitzergreifende und die Eifersucht des Skorpions zu anstrengend.

Liebe und Partnerschaft

Der beste Liebespartner
Krebs, Fisch und überhaupt alle Leidenschaftlichen!

♥♥♥♥♥

Der beste Ehepartner
Krebs, Fisch, Steinbock, Stier und Jungfrau.

Der Skorpion, seine Familie und seine Freunde

Skorpione nehmen großen Anteil an ihrer Familie, die sie mit Stolz erfüllt. Loyalität wird auch dann großgeschrieben, wenn einzelne Familienmitglieder gerade miteinander streiten. Skorpion-Eltern sind ziemlich streng und setzen hohe Maßstäbe, doch meistens genießen sie die Gesellschaft ihrer Kinder, unternehmen etwas mit ihnen und planen gerne Überraschungen. Kinder aus einem Skorpion-Elternhaus zeichnen sich durch Selbstdisziplin, brennende Neugier auf die Welt und starken Erfolgstrieb aus. Junge Skorpione sind oft ungewöhnlich intelligent.

Skorpion-Eltern sind loyal und unternehmen gern spontane Ausflüge mit ihren Kindern.

Als Skorpion verfügen Sie über eine magnetische und aufregende Ausstrahlung, die ihren Freunden das Gefühl gibt, „in" zu sein. Sie behandeln Ihre Freunde loyal, hilfsbereit und großzügig und behalten deren Geheimnisse genauso für sich wie Ihre eigenen. Auf der Schattenseite können Sie ziemlich mißtrauisch und nachtragend sein und versuchen, an sich gleichberechtigte Beziehungen zu dominieren.

Der großzügige Skorpion gibt Freunden schnell das Gefühl, sie sehr zu mögen.

Der Skorpion versteht sich am besten mit einem anderen Skorpion, Steinbock oder Fisch, findet es hingegen anstrengend mit Löwe und Wassermann. Er genießt stürmische Freundschaften mit dem feurigen Widder und dem luftigen Zwilling, während er mit den beiden benachbarten Zeichen Waage und Schütze eher lockere Beziehungen pflegt.

Der Skorpion und die Gesellschaft

Als Skorpion sind Sie wahrscheinlich nicht gerade ein Salonlöwe, doch fällt es Ihnen als starke Persönlichkeit leicht, jede Gemeinschaft oder Gruppe zu dominieren.

Mit Ihrem Talent, sich gegen scheinbar überwältigende Hindernisse durchzusetzen, sind Sie ein großes Plus für jede Sache, können aber grundlos eifersüchtig sein.

Beim Skorpion zu Hause

Skorpione verteidigen ihr Territorium bis aufs letzte, und meistens ist ihre Wohnung so angelegt, daß der Rest der Welt ausgeschlossen wird. Reiche Skorpione leisten sich ein freistehendes Haus auf einem großen Grundstück. Erfolgreiche junge Skorpione wählen stattdessen vielleicht eine ausgebaute Fabrikhalle. Ein paar extreme Exemplare entsagen der Welt überhaupt und ziehen sich in eine selbstgenügsame Einsiedler-Höhle zurück. Was immer ihr Stil, die meisten Skorpione wohnen lieber ganz oben in einem Haus oder Wohnblock, wo sie niemand sieht, sie aber den Rest der Welt beobachten können.

Die Einrichtung ist recht elegant, auffällig

Dunkle und hitzige Farben dominieren die Einrichtung des Skorpions.

Die Wohnung des Skorpions hat oft eine orientalische Note.

Ihnen gefällt ein klassischer Garten – oder gar ein ganzes Labyrinth?

und ausgeklügelt, mit verführerischem Licht, dunklen Farben und viel strukturiertem Gewebe. Andere Skorpione fühlen sich mit einer minimalen, orientalisch angehauchten Einrichtung wohl.

Herr und Frau Skorpion sind großzügige und herzliche Gastgeber mit einem ausgezeichneten Weinkeller.

Ob sie gern Leute zu sich nach Hause einladen, weil sie so die Gästeliste und die Menüfolge kontrollieren können?

Vielen Skorpionen ist es mit einem Garten nicht ganz wohl. Die Natur ist ihnen zu unberechenbar, Unkraut und frei wuchernde Gewächse sind nur schwer in den Griff zu bekommen. Eher kommt schon ein Garten im japanischen Stil mit seiner schlichten, strengen Ordnung in Frage.

Die meisten Skorpione mögen Tiere und genießen es, sie zu pflegen. Wahrscheinlich mögen sie die geheimnisvolle, unabhängige Katze lieber als einen treuen Hund.

Eine unabhängige Katze hat es beim Skorpion gut.

Ihr Skorpion-Kind

Ruhig, reserviert und selbstgenügsam wirkt das Skorpion-Neugeborene nicht überrascht von seiner neuen Umgebung. Es stellt schon früh Augenkontakt her und benutzt seinen hypnotischen Skorpion-Blick, um seine Bedürfnisse mitzuteilen (und verliebte Eltern um den Finger zu wickeln). Da es körperlich stark und widerstandsfähig ist, wird es nicht oft krank und fühlt sich mit einem geregelten Tagesablauf am wohlsten. Es bereitet seinen Eltern nur selten Sorgen, doch kann es zu Auseinandersetzungen mit Geschwistern kommen.

Um Ihr Skorpion-Baby bei Laune zu halten, bieten Sie ihm am besten aktive Spiele an, die seinem Alter entsprechen: alles, was auseinandergenommen und auf andere Art wieder zusammengesetzt werden kann.

Eine Spielzeuglupe erlaubt es neugierigen jungen Skorpionen, die Welt zu untersuchen.

Kleine Skorpione spielen gern mit Sachen, die sie sortieren und anordnen können.

Es ist so neugierig wie ein Korb voller Kätzchen, also sollten die angebotenen Spiele spannend sein, voller Geheimnisse und Überraschungen. Skorpion-Babys wissen schon früh, was sie wollen. Ältere Kinder wünschen sich vielleicht ein Mikroskop oder einen Zauberkasten. Ihre Spielsachen halten sie immer in Ordnung. Leider kann man sie nicht davon überzeugen, sie mit anderen Kindern zu teilen.

Skorpione haben sportlich die Nase schon früh ganz vorn.

In der Schule geht es Ihrem Skorpion-Kind gut, denn es ist intelligent, kann gut beobachten und lernt gern. Da es auch beim Sport gut mithält, ist es meistens recht beliebt. Sie sollten nur darauf achten, daß es genug gefordert wird. Gelangweilte Skorpione wenden ihren wachen Verstand den unmöglichsten Dingen zu.

Regen Sie die Phantasie Ihres Skorpion-Kindes an und sorgen Sie dafür, daß es seine Gefühle nicht unterdrückt. Helfen Sie ihm verstehen, daß nicht jeder seinen hohen Ansprüchen genügen kann.

Tiefer in die Materie eindringen

Dieser kleine Ratgeber hat Ihnen einen ersten Eindruck von Ihrem Sternzeichen vermittelt, doch kann er nicht mehr als eine grobe Skizze sein. Denn es gibt viele weitere astrologische Faktoren, die für ein individuelles Horoskop zu berücksichtigen sind: die Position des *Mondes,* des *Aszendenten* und der *Himmelsmitte* sowie die Stellung der Planeten und Zeichen Ihres Horoskops in den astrologischen *Häusern.*

Es gibt Bücher, die Ihnen Schritt für Schritt zeigen, wie Sie Ihr eigenes Horoskop berechnen.

Ihr Geburtshoroskop ist wie eine Karte des Himmels zum Zeitpunkt Ihrer Geburt. Um ein genaues Horoskop erstellen zu können, müssen Sie wissen, wann und wo Sie auf die Welt kamen, doch kommt es letzten Endes auf die Auslegung dieser Daten an. Das überlassen Sie am besten einem qualifizierten

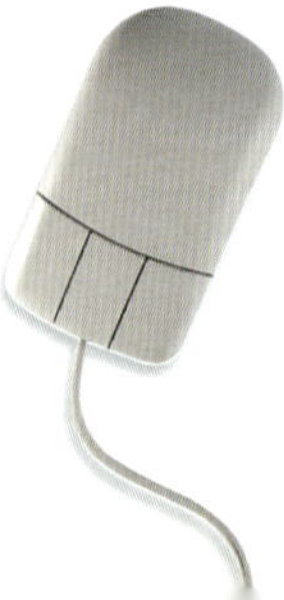

Astrologen anläßlich einer persönlichen Beratung. Am Ende dieses Buches finden Sie Adressen, die Ihnen weiterhelfen.

Ihr astrologisches Profil wird auch von der Stellung des Mondes beeinflußt, der für Ihr Gefühlsleben steht. Ihr Aszendent ist das Sternzeichen, das zur Zeit Ihrer Geburt am östlichen Horizont stand – er beeinflußt Ihre Persönlichkeit. Die Himmelsmittte ist der Punkt am Himmel, der sich zur Zeit Ihrer Geburt genau über Ihnen befand. Er steht für Ihren Persönlichkeitsausdruck – vor allem in Karriereangelegenheiten und bei dem, was Sie bewußt anstreben. Der Astrologe achtet auch besonders auf Ihre *Aspekte*. Das sind genaue geometrische Beziehungen zwischen zwei oder mehreren Planeten. Sie treten *stark*, *mittelstark* und *schwach* auf.

Um sich ein Bild von Ihrer Persönlichkeit zu machen, interpretiert der Astrologe Ihr Geburtshoroskop.

So sieht ein professionelles Geburtshoroskop aus.

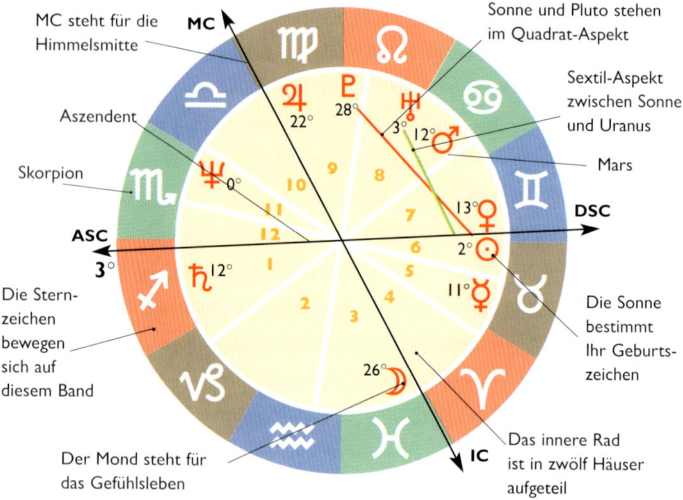

Schlüssel zum Geburtshoroskop

♈ Widder	♋ Krebs	♎ Waage	♑ Steinbock
♉ Stier	♌ Löwe	♏ Skorpion	♒ Wassermann
♊ Zwilling	♍ Jungfrau	♐ Schütze	♓ Fische

DIE ZWÖLF HÄUSER

Der innere Kreis des Geburtshoroskops wird in zwölf Häuser aufgeteilt, die sich auf die verschiedenen Aspekte Ihres Alltags beziehen. Der Skorpion herrscht über das achte Haus, das einen großen Einfluß auf alle finanziellen Dinge, Sex und den Tod hat.

1 Das **erste Haus** – Ihre Sicht der Welt und wie Sie von ihr gesehen werden.

2 Das **zweite Haus** – Ihre Werte, Ressourcen und Fähigkeiten.

3 Das **dritte Haus** – Kommunikation und Selbstausdruck.

4 Das **vierte Haus** – Ihre Herkunft und Ihre Familie.

5 Das **fünfte Haus** – Liebe, Kreativität und Kinder.

6 Das **sechste Haus** – Ihre Arbeit und Gesundheit.

7 Das **siebente Haus** – harmonische Beziehungen und Ehe.

8 Das **achte Haus** – finanzielle Partnerschaften, Geld, Sex und Tod.

9 Das **neunte Haus** – Bewußtseinserweiterung durch geistige Interessen und Reisen.

10 Das **zehnte Haus** – fördert Ihre Karriere und Ihr gesellschaftliches Ansehen.

11 Das **elfte Haus** – beheimatet Ihre Freunde und Ideale.

12 Das **zwölfte Haus** – steht für den Dienst am Nächsten, aber auch für Weltflucht und Spiritualität.

* * * *

Das war nur eine kleine Einführung in das umfassende und faszinierende Gebiet der Astrologie. Falls Sie mehr wissen möchten, wenden Sie sich an eine der nachstehenden Adressen:

Astrologische Bibliothek,
Metzer Str. 65, 66117 Saarbrücken, Tel. 06 81/5 21 60

Österreichische Astrologische Gesellschaft,
Mittlersteig 3 A, A-1050 Wien, Tel. 01/586 29 32

Schweizer Astrologen-Bund,
Postfach 331, CH-8042 Zürich